바람과 물과 태양이 주는 에너지

바람과 물과 태양이 주는 에너지

2004년 5월 25일 초판 1쇄 발행
2019년 11월 19일 초판 12쇄 발행

기스베르트 슈트로스레스 글
가비 카벨리우스 그림
이필렬 옮김

펴낸이 강일우
편   집 김이구 신수진 김민경 박상육 김세희
펴낸곳 (주)창비
등록 1986년 8월 5일 제 85호
제조국 대한민국
주소 10881 경기도 파주시 회동길 184
전화 031-955-3333
팩스 031-955-3399(영업) 031-955-3400(편집)
홈페이지 www.changbikids.com
전자우편 dongmu@changbi.com

한국어판 ⓒ (주)창비 2004
ISBN 978-89-364-4540-9 73500

* 이 책 내용의 일부 또는 전부를 재사용하려면 반드시 창비와 협의하여야 합니다.
* 책값은 뒤표지에 표시되어 있습니다.
* KC마크는 이 제품이 공통안전기준에 적합하였음을 의미합니다.

WAS DREHT SICH DA IN WIND UND WASSWER?
copyright ⓒ Landwirtschaftsverlag GmbH, Münster-Hiltrup 2003
All Rights Reserved.

Korean translation copyright ⓒ 2004 by Changbi Publishers, Inc.
Korean translation rights arranged with Landwirtschaftsverlag GmbH
through Eric Yang Agency, Seoul.

이 책의 한국어판 저작권은 에릭양 에이전시를 통한
Landwirtschaftsverlag GmbH사와의 독점계약으로 (주)창비가 소유합니다.
저작권법에 의하여 한국 내에서 보호를 받는 저작물이므로
무단 전재와 복제를 금합니다.

바람과 물과 태양이 주는 에너지

기스베르트 슈트로트레스 글 · 가비 카벨리우스 그림 · 이필렬 옮김

창비

차례

모든 생명이 가진 에너지
| 6 | **태양** |

바람을 수확하다
| 8 | **풍력 발전기** |

바람으로 곡식을 빻다
| 12 | **풍차** |

흐르는 물로 곡식을 빻다
| 14 | **물방아** |

물 속에서 전기를
| 16 | **수력 발전기** |

깊은 산 계곡에는
| 18 | **계곡 댐** |

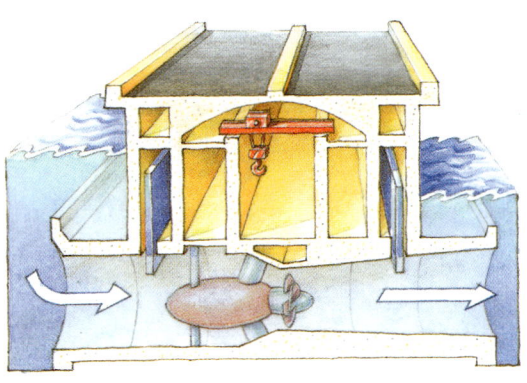

바다에서 가져오는 에너지
| 22 | **조력 발전기와 파력 발전기** |

뜨거운 쓰레기 더미
퇴비 24

거름에서 얻은 전기
바이오 가스 시설 26

태양 축전지
나무 태우기 30

농부의 기름 들판
유채 기름과 바이오 디젤 32

태양으로 난방을
태양 집열판 36

태양으로 전등을 켜다
태양 전지 38

누가 이 책을 쓰고 그렸을까?
글 작가와 그림 작가 40

6

모든 생명이 가진 에너지

태양

태양은 우리 태양계의 중심이고, 우리 생명의 중심입니다. 태양은 지구에 사는 모든 생명체에 필요한 에너지를 보내 줍니다.

사람의 몸은 태양 에너지로 가득 차 있습니다. 믿기 어렵겠지만 정말입니다. 스케이트 보드를 타고 동네를 달릴 때 우리 몸에서 솟아나는 힘은 원래 태양 에너지에서 온 것입니다. 우리는 태양 에너지를 몸 속에 저장해 놓았던 거죠. 태양 에너지는 우리가 먹은 음식에 들어 있었습니다. 음식물 속의 에너지는 태양 에너지를 '채워 넣은' 식물이나, 식물을 먹은 동물한테서 온 것입니다. 이렇게 지구의 모든 생명은 태양에 직접적이든 간접적이든 의존하고 있습니다. 태양은 또 물, 바람, 날씨를 움직이는 힘입니다. 태양은 바다와 강의 물을 증발시켜 공기 속으로 들어가게 만듭니다. 이 물은 비나 안개 또는 눈의 형태로 다시 땅 위로 떨어지고, 개울과 강을 거쳐 바다로 흘러갑니다.

바람의 힘도 원래 태양에서 온 것입니다. 태양은 공기를 따뜻하게 만드는데, 공기가 어디에서나 똑같이 따뜻해지는 것은 아닙니다. 사막은 우리가 사는 곳보다 더 뜨거워지고, 우리가 사는 곳은 북극보다 더 따뜻해집니다. 바다 위는 땅 위보다 더 찹니다. 이렇게 지역마다 따뜻해지는 정도가 다르기 때문에 그 위의 공기는 끊임없이 움직이게 됩니다. 이 움직임이 바로 바람입니다. 파도타기하는 사람이나 돛단배(요트)는 결국 태양 에너지의 힘으로 나아가는 것이죠. 태양에서 온 에너지인 바람이 없다면 풍력 발전기나 풍차도 가만히 서 있기만 할 것입니다.

태양은…

천문학자는 "거대한 불덩어리"라고 말합니다.

태양 전지를 가진 사람은 "내가 쓰는 전기가 오는 곳"이라고 말합니다.

농부는 "땅에서 나는 농작물한테 중요한 존재랍니다." 하고 말합니다.

안과 의사는 "눈에 위험해요."라고 말합니다.

아이스크림 장수는 "장사하는 데 도움을 주지요."라고 말합니다.

놀러 가는 사람은 "멋진 휴가를 위한 보증 수표"라고 말합니다.

외계인은 "다른 별과 다를 바 없는 별"이라고 말합니다. (외계인이 있다면요.)

바람을 수확하다

풍력 발전기

풍력 발전기는 덴마크와 독일 어디서나 볼 수 있습니다. (우리나라에는 제주도에 많지요.—옮긴이) 높고 둥근 기둥 위에서 날개가 돌아갑니다. 날개는 바람의 힘을 붙잡아 전기로 바꿉니다. 어떻게 하는 걸까요?

풍력 발전기는 아주 강한 폭풍도 견뎌야 합니다. 그래서 두꺼운 강철이나 콘크리트로 만들죠. 기둥은 콘크리트로 된 단단한 바닥에 서 있습니다. 기둥 안쪽은 비어 있고, 계단이나 사다리를 통해 위로 올라갈 수 있습니다. 기둥 위에는 커다란 럭비공처럼 생긴 발전기 통이 놓여 있습니다. 그 속에서 회전축이라고 불리는 긴 돌대가 돌아갑니다. 회전축에는 바깥을 향해 날개가 연결되어 있습니다. 날개는 특이한 모양으로 휘어져 있어요. 이렇게 하면 바람에 더 잘 돌아가기 때문입니다.

연날리기를 해본 사람이라면 바람이 꽤나 제멋대로라는 걸 알 것입니다. 어떤 때는 강하게 또 어떤 때는 약하게 불고, 계속해서 방향이 바뀌기도 하죠. 그래서 통 위 뒤쪽에는 작은 풍향계와 측정 기기가 있습니다. 이것들은 바람이 어떤 방향에서 불어오고 얼마나 강한지 알아냅니다. 그러면 통 속에 있는 컴퓨터가 이 데이터들을 처리하지요. 컴퓨터는 발전기 통이 항상 바람 부는 방향을 향하도록 합니다. 또 날개가 바람을 잘 받을 수 있도록 날개의 위치를 조종합니다.

날개는 비행기 날개처럼 평평한 부분과 도톰한 부분이 있는데, 바람의 세기에 따라 각도를 달리해서 평평한 부분이 뒤로 돌 수도 있고 앞으로 돌 수도 있도록 되어 있습니다. 이렇게 해서 바람 속 공기의 흐름으로부터 최대한 힘을 끌어내는 것입니다. 날개는 통 속의 회전축을 돌아가게 하는데, 회전축 끝에는 발전기가 연결되어 있습니다. 이것은 자전거 등을 켜는 발전기와 비슷한 방식으로 움직입니다. 빨리 돌면 전기가 생겨나는 것이죠.

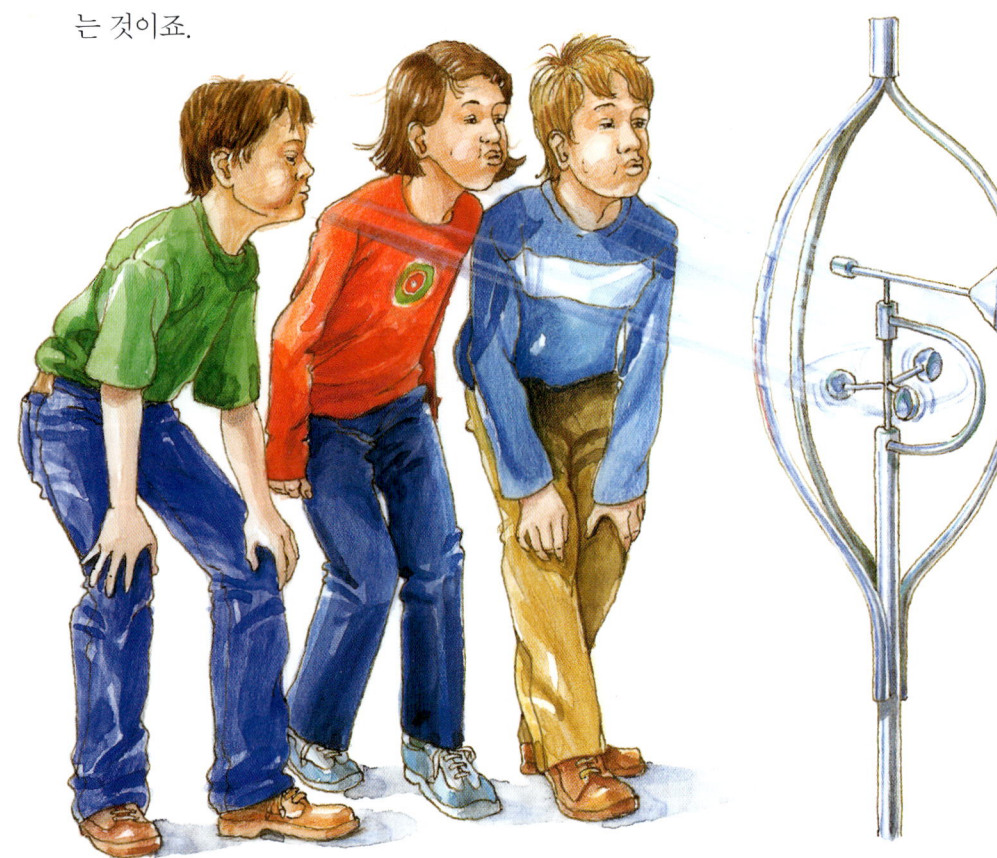

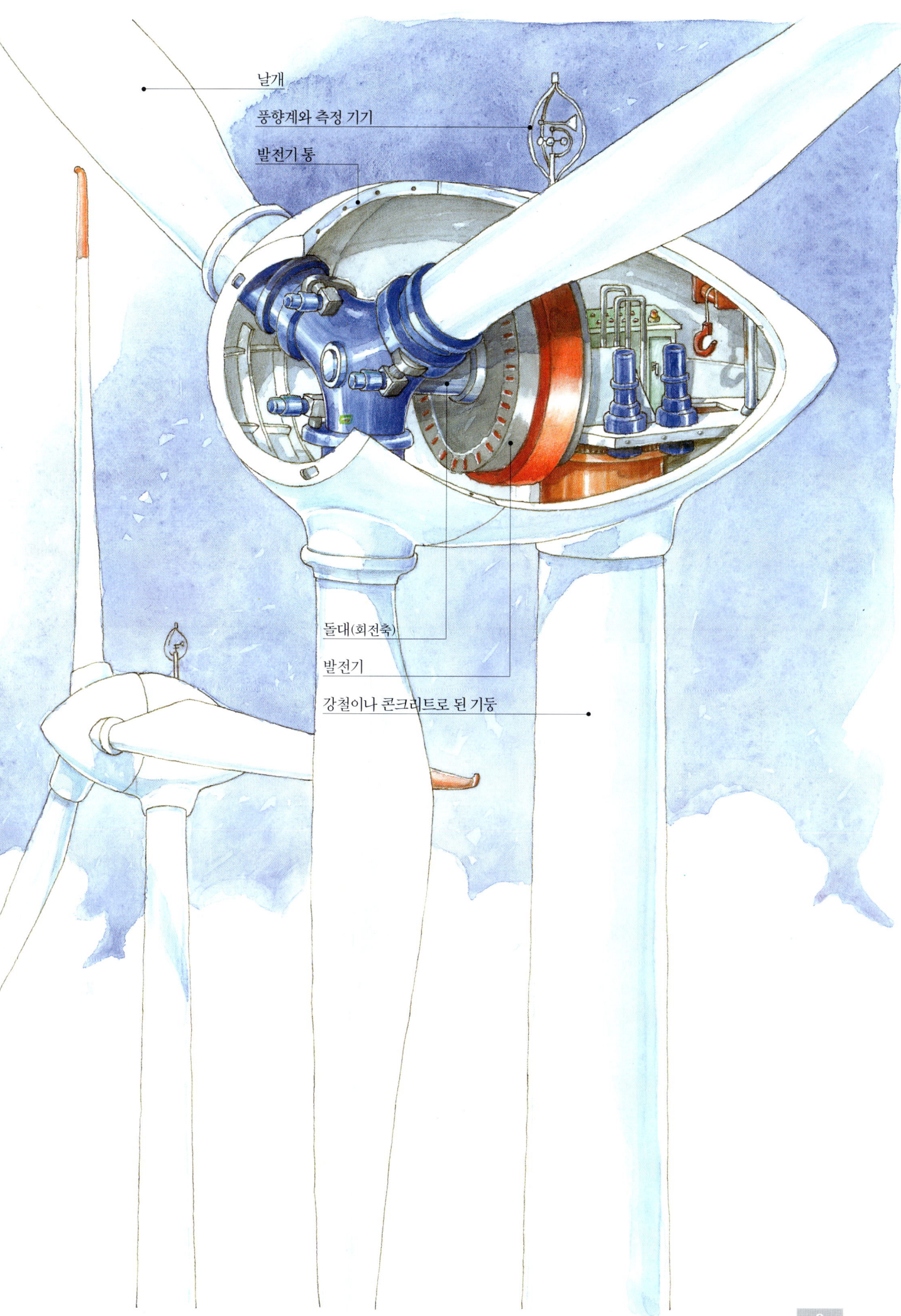

바닥　크레인

코일에서 나오는 전기

풍력 발전기 꼭대기에서는 날개와 함께 거대한 발전기가 돌아갑니다. 이것은 자전거 발전기와 비슷한 원리에 따라 작동합니다. 그런데 자전거 발전기는 어떻게 전기를 만들어 내는 걸까요?

발전기 위쪽에서는 구동 바퀴가 돌아갑니다. 구동 바퀴는 거기 붙은 막대를 돌게 하는데, 이 막대는 발전기 통 속까지 뻗어 있습니다. 막대에는 코일이 달려 있고, 코일에는 구리선이 감겨 있습니다. 코일은 자석으로 빙 둘러싸여 있어서, 이 자석 틀 속에서 돌아갑니다. 자석은 고정되어 움직이지 않습니다.

자석은 보이지 않는 힘을 가지고 있지요. 자석이 쇠로 된 물체를 끌어당기는 것은 누구나 본 적이 있을 것입니다. 그런데 자석은 다른 일도 할 수 있습니다. 금속선이 자석 위에서 평행으로 움직이면 금속선 속에서 전자(電子)라고 하는 작은 입자가 운동을 합니다. 이 운동이 바로 전류입니다. 발전기 속에서는 바로 이런 일이 일어나는 것입니다. 코일을 둘러싼 자석 틀은 감겨

1000가구가 쓸 수 있는 전기

풍력 발전기를 세우려면 높은 크레인(기중기)이 와서 일해야 합니다. 일꾼들은 긴 줄에다 날개를 단단히 붙들어매고 흔들리지 않게 잡아당깁니다. 날개가 들려 올라가면서 기둥에 부딪치면 안되기 때문이지요. 날개가 위로 올라가서 완전히 고정되면, 바람을 받아 곧 돌아갈 수 있습니다. 바람이 세게 불어야만 하는 것은 결코 아닙니다. 산들바람만 불어도 날개가 원을 그리면서 돌아갈 수 있어요. 날개는 특별한 모양으로 휘어져 있어서 아주 약한 바람도 붙잡을 수 있지요. 그렇지만 풍력 발전기는 힘이 아주 셉니다. 이 힘은 '킬로와트(kW)'로 표시됩니다. 중간 크기의 발전기는 600kW이고, 커다란 발전기는 약 1500kW의 힘을 낼 수 있습니다. 풍력 발전기가 이 힘에 도달하려면 최고 속도로 힘차게 돌아야만 합니다. 그러려면 바람이 강하게 불어야 하죠. 이때 바람의 속도는 초속 13미터쯤 되는데, 기술자들은 이 상태를 바람세기 6-7(바람세기 6은 '된바람', 7은 '센바람'이라고 합니다.-옮긴이)이라고 부릅니다. 바람이 더 강하게 불면 풍력 발전기는 멈춰야 합니다. 이때는 날개가 돌아가지 않습니다. 돌아가면 풍차가 부서지기 때문이지요. 그런데 바람 부는 날이나 폭풍이 치는 날만 있는 것은 아니지요. 공기가 조금도 움직이지 않는 날도 있습니다. 그래서 1년을 평균내 보면 1500kW의 힘을 지닌 현대식 풍력 발전기는 1000가구에 공급할 수 있는 전기를 만들어 냅니다.

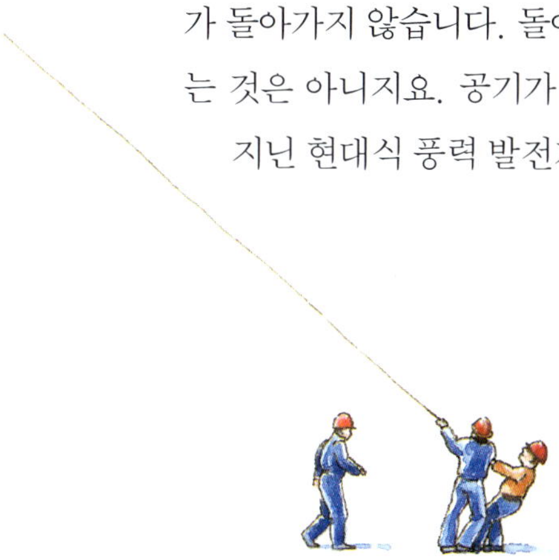

있는 구리선 속의 전자들을 움직이게 만듭니다. 전기가 생겨나는 것이지요. 이 전기를 받아 자전거의 앞등과 뒷등이 반짝입니다.

풍력 발전기 속에 들어 있는 발전기는 훨씬 더 크고 강합니다. 그렇기 때문에 아주 많은 전기를 만들어 낼 수 있지요.

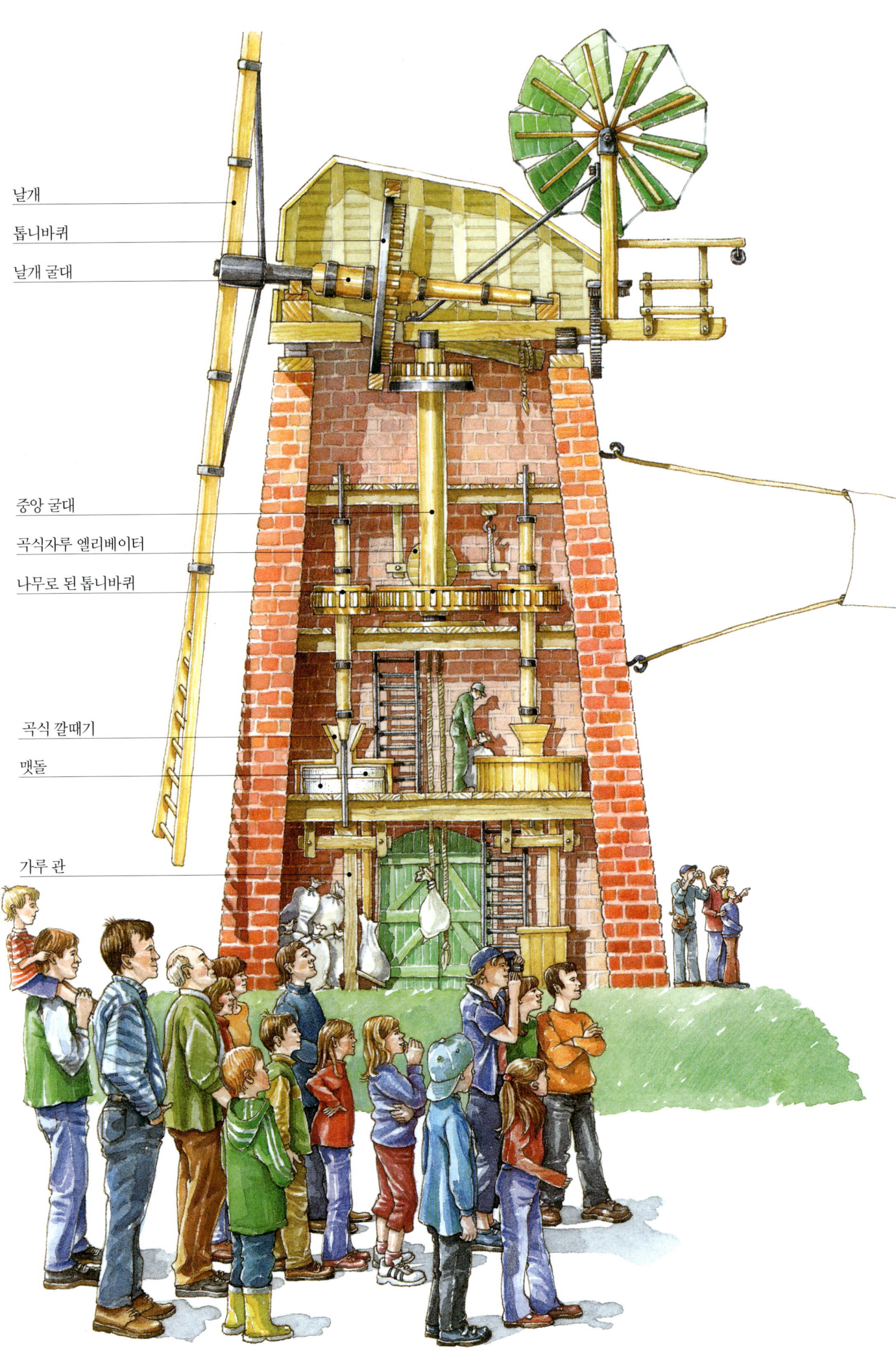

바람으로 곡식을 빻다

풍차

풍차는 현대식 풍력 발전기의 '할아버지'입니다. 풍차는 곡식을 빻기 위해서 바람을 이용했습니다.

전기가 없을 때 사람들은 곡식을 방아에서 빻았습니다. 그 당시에는 두 종류의 방아가 있었는데, 하나는 물로 돌리는 것이고, 또 하나는 바람으로 돌리는 것이었습니다.

독일 지역의 풍차는 대부분 날개가 네 개 달려 있었습니다. 방앗간 주인은 날개를 무거운 아마(亞麻)천으로 둘러싸서, 바람을 가장 많이 받으면서 돌아갈 수 있게 하였습니다. 그래서 무거운 날개 굴대가 돌아갔습니다.

다음으로 거대한 톱니바퀴가 힘을 중앙 굴대에 전달했는데, 이 힘은 다시 다른 톱니바퀴들을 거쳐서 무거운 맷돌을 돌아가게 하였습니다. 곡식은 맷돌 사이에서 가루가 되었습니다.

전에는 마을마다 이런 방아가 하나씩 있었지만, 지금은 대부분 철거되어 없어졌습니다. 이제는 필요가 없기 때문이지요. 그렇지만 더러는 지금까지 남아 있고, 아직까지 돌아가는 것도 있습니다.

방아간 앞의 연극 공연
돈 끼 호 떼

받침대냐 지붕이냐?

바람은 방향이 바뀌면서 붑니다. 그렇기 때문에 풍차도 풍력 발전기와 마찬가지로 날개가 바람 방향을 따라 움직여야 합니다. 방법은 두 가지가 있습니다. 하나는 풍차 건물 전체가 받침대 위에서 돌아가게 하는 것이고, 다른 하나는 네 개의 날개가 붙은 지붕 부분만 돌아가게 하는 것입니다. 현대식 풍력 발전기도 원리상으로는 지붕 부분만 돌아갑니다. 단단하게 고정되어 있는 기둥 위에 설치한 발전기 통만 돌아가는 것입니다.

흐르는 물로 곡식을 빻다
물방아

개울이나 강에서 흐르는 물이 물받이가 붙은 커다란 나무바퀴를 돌립니다. 이 나무바퀴를 수차(水車)라고 하는데, 수차 중앙에는 튼튼한 굴대가 나무 쐐기로 고정되어 박혀 있습니다. 수차가 돌면 회전축이라고 불리는 이 무거운 굴대도 함께 돌아갑니다. 회전축은 물의 힘을 방앗간 안으로 전해 줍니다. 방앗간에서 이 힘은 다시 여러 개의 톱니바퀴로 전달되는데, 전달 방식이 좀 색다릅니다. 커다란 톱니바퀴가 맞물린 작은 톱니바퀴를 돌려주고 작은 톱니바퀴는 더 작은 톱니바퀴를 돌려 주는데, 그러면 나중의 작은 톱니바퀴는 그만큼 더 빠르게 돌아갑니다. 기술자들은 이것을 '2단계 변속'이라고 부릅니다. 그래서 마지막으로 맷돌이 아주 빠르게 돌아가게 됩니다. 맷돌이 돌아가는 속도는 밖에서 철벅철벅 돌아가는 수차보다 12~15배나 빠릅니다.

방아가 할 수 있는 여러 가지 일

옛날에 물방아는 곡식을 빻는 일말고도 훨씬 많은 일을 할 수 있었습니다. 물의 힘으로 무거운 해머를 올렸다 내렸다 하는 물방아도 있었습니다. 이런 물방아가 있는 방앗간에서는 쇠를 두들겨 칼 또는 낫을 만들었습니다. 물방아들은 이렇게 쿵쿵 두들기거나, 나무를 켜거나, 유리를 갈 수 있도록 설계되었습니다. 또 어떤 물방아로는 낡은 옷가지를 잘게 찢고 으깨어서 펄프를 만든 다음 그것으로 종이를 만들어 내기도 했습니다.

오늘날 이런 모든 일은 큰 공장에서 이루어집니다. 오래된 물방아는 '실업자'가 된 지 오래죠. 많은 물방아는 벌써 철거되었습니다. 몇 개는 박물관으로 바뀌었고, 또 어떤 것은 부서진 채 폐허로 남아 있습니다. 그러나 얼마 전부터 물방아가 다시 쓸모 있게 되었는데, 물의 힘을 전기로 바꾸어 주기 때문입니다.

물 속에서 전기를

수력 발전기

큰 개울이나 강에는 아직도 물방아가 있는 곳이 많습니다. 여기서는 오래된 맷돌 대신에 터빈이 돌아갑니다. 터빈은 물의 힘을 전기로 바꾸어 주죠.

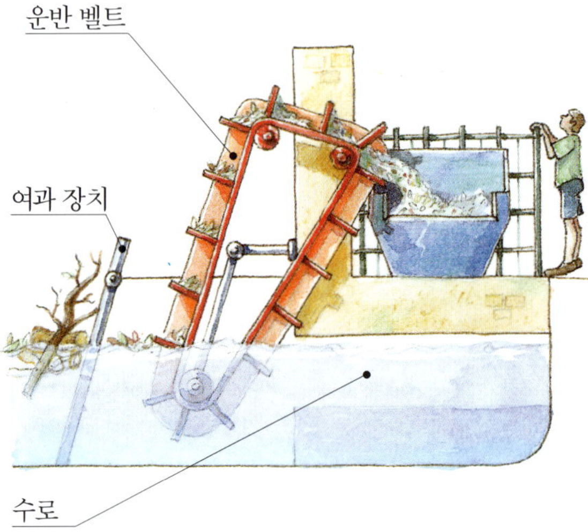

운반 벨트

여과 장치

수로

방아 바퀴는 사라졌습니다. 수력 발전소는 밖에서 보면 물 가까이에 지어진 보통 집과 똑같아 보입니다. 그곳에서 물의 흐름으로부터 전기를 끄집어낸다는 것을 잘 알 수 없지요.

물의 흐름에서 전기를 끌어내려면 먼저 물을 물방아 앞에 가두어야 합니다. 그래야 물의 힘을 크게 키울 수 있어요. 그런 다음에 물을 좁은 관으로 보내는데, 관이 막히지 않게 하기 위해서 물 위에 떠돌아다니는 나뭇잎, 나뭇가지, 쓰레기 같은 것들을 걸러냅니다. 호수와 관 사이에 설치된 여과 장치가 하는 일이지요. 운반 벨트를 이용해서 길어 올린 물은 컨테이너에 담겼다가 관을 통해서 소리 내며 흘러가고, 끝에

발전기
터빈
출수구

다다르면 곧바로 터빈으로 들어갑니다. 이 과정은 물방앗간과 다를 바가 없습니다. 그러나 터빈은 나무가 아니라 금속으로 만들어지고, 특별한 형태의 물받이판이 붙어 있습니다. 물받이판은 물의 힘을 될 수 있는 한 많이 붙잡는 역할을 하지요.

물의 힘으로 움직이기 시작한 터빈 바퀴는 아주 빠르게 돌아갑니다. 이와 함께 발전기의 회전축도 돌아갑니다. 이 사실을 우리는 풍력 발전기에서 벌써 배웠지요. 발전기는 자전거 발전기와 비슷한 방식으로 작동하는, 회전 운동을 전기로 바꾸어 주는 기계입니다.

깊은 산 계곡에는

계곡 댐

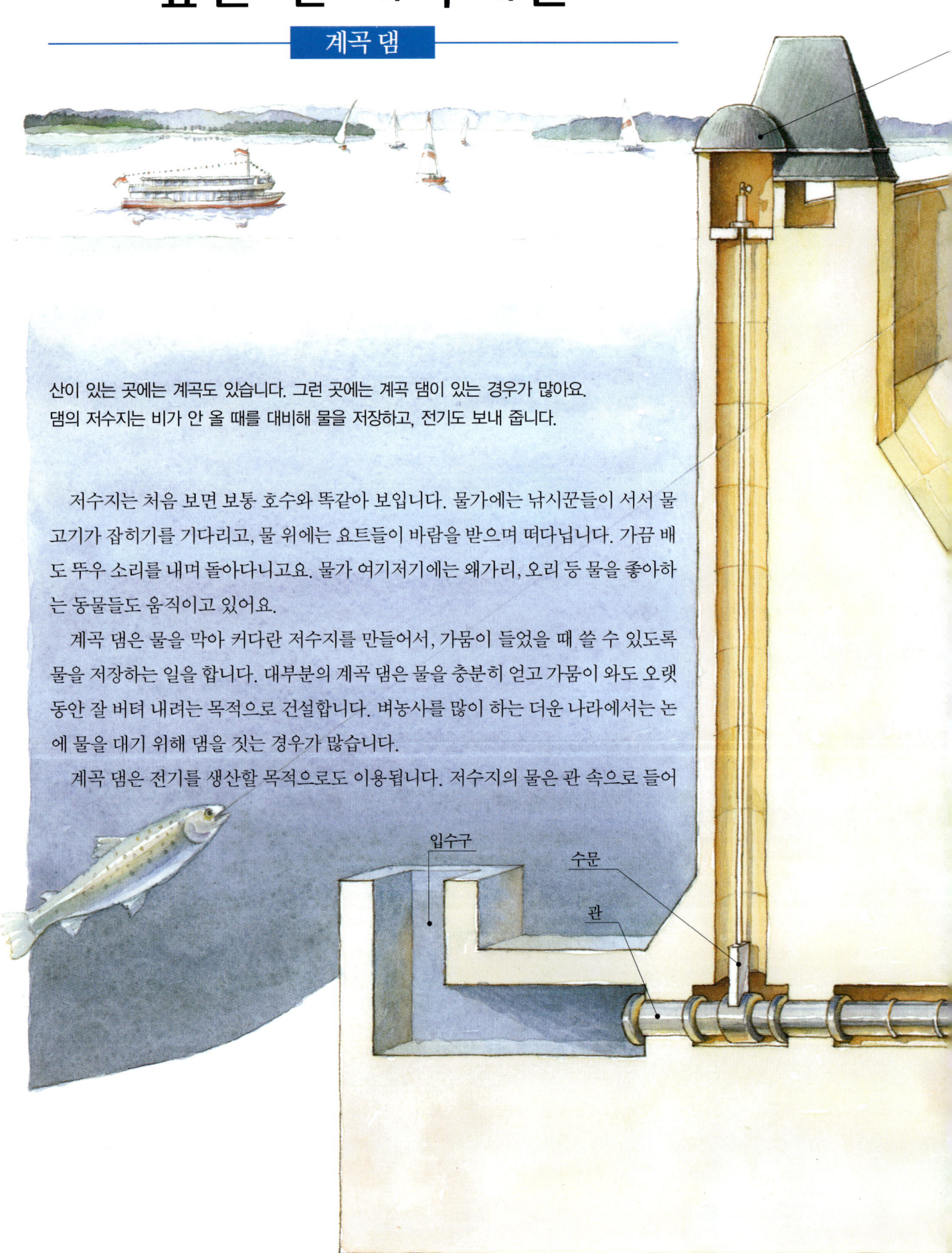

입수구 수문 관

산이 있는 곳에는 계곡도 있습니다. 그런 곳에는 계곡 댐이 있는 경우가 많아요. 댐의 저수지는 비가 안 올 때를 대비해 물을 저장하고, 전기도 보내 줍니다.

저수지는 처음 보면 보통 호수와 똑같아 보입니다. 물가에는 낚시꾼들이 서서 물고기가 잡히기를 기다리고, 물 위에는 요트들이 바람을 받으며 떠다닙니다. 가끔 배도 뚜우 소리를 내며 돌아다니고요. 물가 여기저기에는 왜가리, 오리 등 물을 좋아하는 동물들도 움직이고 있어요.

계곡 댐은 물을 막아 커다란 저수지를 만들어서, 가뭄이 들었을 때 쓸 수 있도록 물을 저장하는 일을 합니다. 대부분의 계곡 댐은 물을 충분히 얻고 가뭄이 와도 오랫동안 잘 버텨 내려는 목적으로 건설합니다. 벼농사를 많이 하는 더운 나라에서는 논에 물을 대기 위해 댐을 짓는 경우가 많습니다.

계곡 댐은 전기를 생산할 목적으로도 이용됩니다. 저수지의 물은 관 속으로 들어가 댐 벽을 지나가게 됩니다. 관은 어른이 그 속에 똑바로 서서 걸어 다닐 수 있을 만큼 큽니다. 세계에서 가장 큰 댐의 관은 엄청나게 큰 터널 모양인데, 2층짜리 집이 들어갈 수 있을 만한 크기랍니다!

관 속의 물은 커다란 수력 발전기를 향해 달려 나가고, 이 발전기는 물의 힘을 전기로 바꾸어 줍니다. 발전기는 실제로 밖에서는 보이지 않지만, 이 책에서는 이 페이지를 젖히면 볼 수 있어요.

그렇지만 저수지는 보통 호수와 다릅니다. 이것은 '인공적'인, 그러니까 사람 손으로 만든 것입니다. 거대한 댐 장벽이 계곡을 가로막고 있는 것이죠. 장벽은 대부분 콘크리트로 만들지만, 가끔 벽돌이나 부순 돌을 쏟아 부은 다음에 새지 않게 단단히 다져서 만들기도 합니다. 장벽과 계곡 부분은 거대한 물통을 만들어 냅니다. 이 물통은 빗물, 산의 개울에서 흘러오는 물 또는 종종 더 큰 강의 물로 채워집니다.

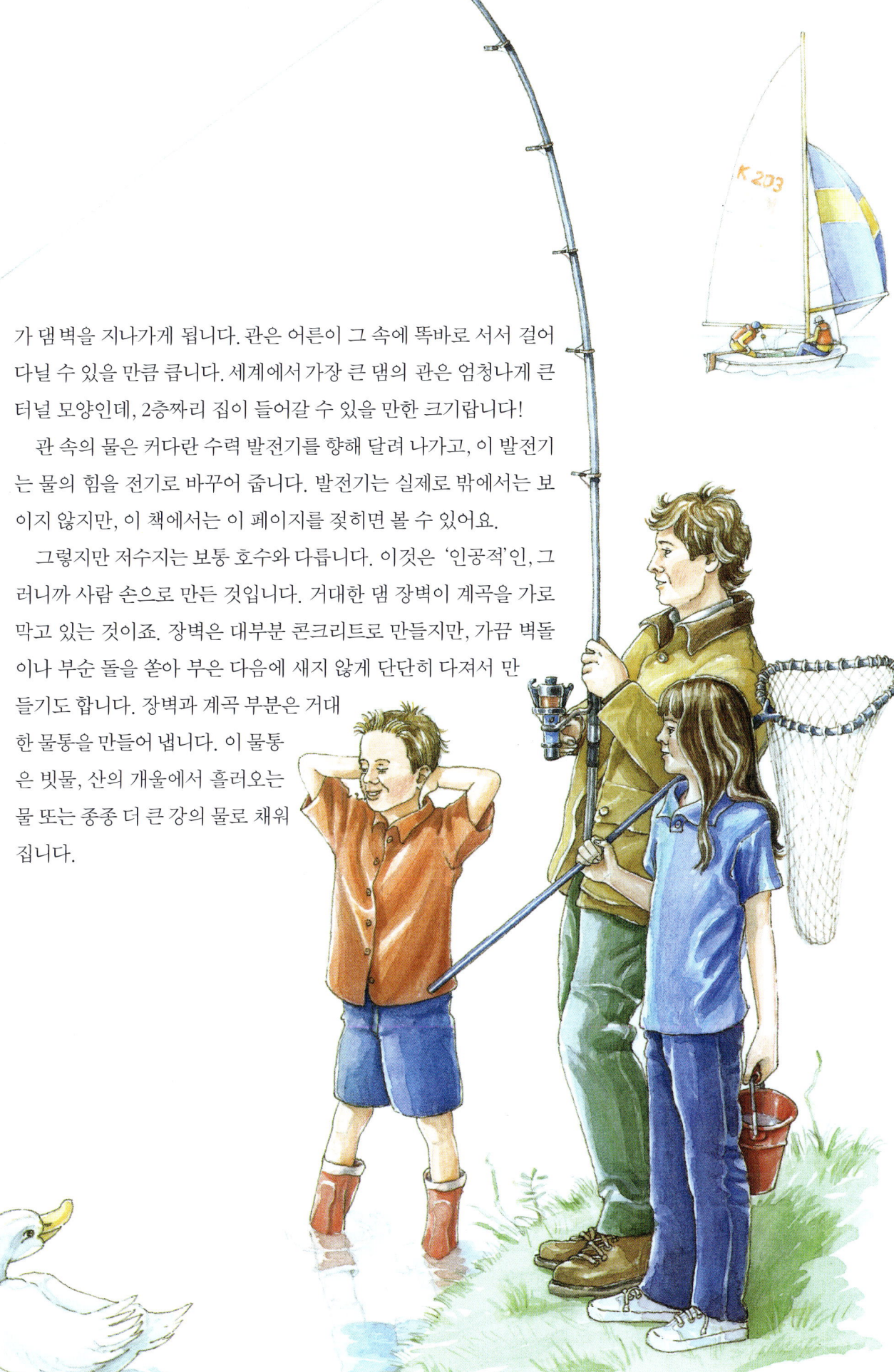

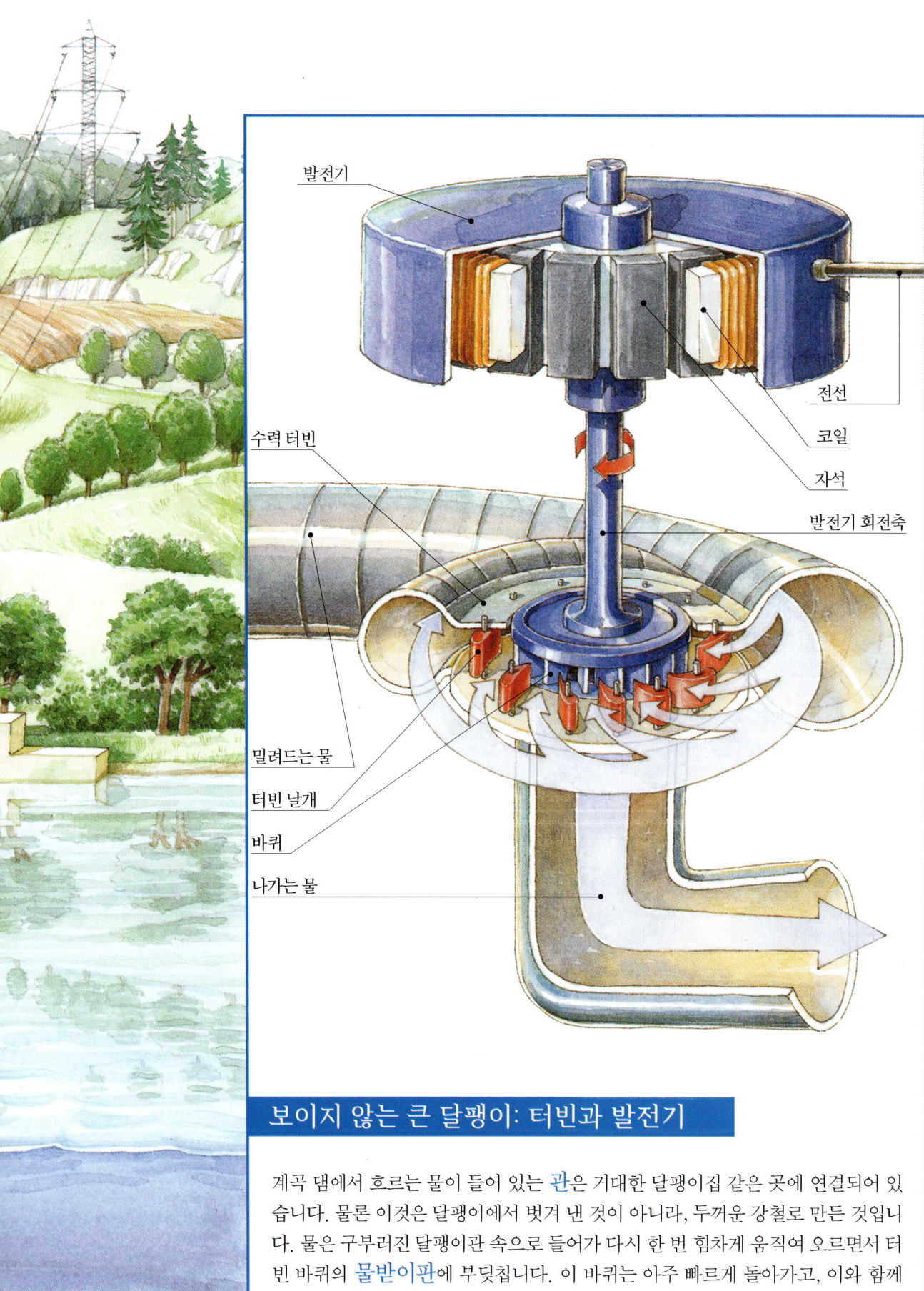

보이지 않는 큰 달팽이: 터빈과 발전기

계곡 댐에서 흐르는 물이 들어 있는 관은 거대한 달팽이집 같은 곳에 연결되어 있습니다. 물론 이것은 달팽이에서 벗겨 낸 것이 아니라, 두꺼운 강철로 만든 것입니다. 물은 구부러진 달팽이관 속으로 들어가 다시 한 번 힘차게 움직여 오르면서 터빈 바퀴의 물받이판에 부딪칩니다. 이 바퀴는 아주 빠르게 돌아가고, 이와 함께 발전기를 움직이는 강철 회전축이 돌아갑니다.

바다에서 가져오는 에너지

조력 발전기와 파력 발전기

밀물과 썰물, 높은 파도가 치는 바다. 바다는 끊임없이 움직입니다. 이 힘을 붙잡을 수 있을까요?

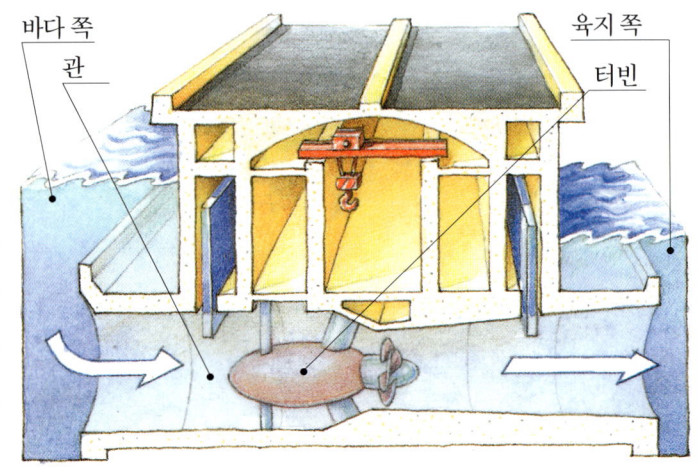

조력 발전기

프랑스 북부에 놀라운 것이 있는데, 바로 바다에 건설된 댐입니다. 이 바다 댐에서는 한 번은 댐 장벽 한쪽에 물이 들어차고, 다른 한 번은 장벽 다른 쪽에 물이 들어찹니다. 이렇게 물이 왔다갔다하는 것은 밀물과 썰물, 즉 조수 간만의 차 때문입니다.

밀물 때는 바닷물이 밖에서 장벽을 향해서 밀려옵니다. 장벽 속에는 터빈이 부착된 관이 설치되어 있는데, 물은 바다 쪽에서 이 관 속으로 밀려들어옵니다. 이때 터빈이 돌아가고, 이것은 다시 발전기를 움직이지요.

썰물 때는 모든 것이 정반대로 바뀝니다. 물이 육지 쪽에서 장벽으로 밀려오고, 터빈이 붙어 있는 관을 통해서만 다시 넓은 바다로 돌아갑니다. 물은 이러한 운동을 끊임없이 되풀이합니다. 터빈은 물이 어디에서 오고 어디로 가든지 상관없이 항상 회전하도록 만들어져 있습니다.

조력 발전기는 조수 간만의 차이가 아주 큰 곳에만 건설할 수 있습니다. 물론 건설하기에 적합한 만(灣)도 필요하지요. 그렇기 때문에 이런 발전소는 몇 개 되지 않습니다. 프랑스 북부에 커다란 것이 하나 있고, 영국, 러시아, 캐나다에 작은 것이 몇 개 있지요.

파력 발전기

바다의 파도도 엄청난 힘을 가지고 있습니다. 그런데 이것을 어떻게 붙잡을 수 있을까요?

스코틀랜드 서부의 이슬레이 섬에서는 재능 있는 기술자들이 파력 발전기 실험을 하고 있습니다. 거꾸로 뒤집힌 것 같은 콘크리트 물통 속으로 파도가 밀려 들어옵니다. 콘크리트 물통은 해수면 바로 밑에 놓여 있고, 그 위로는 관이 하나 솟아 있습니다. 이 관으로는 공기가 빠져나오고 빨려 들어갑니다. 이 신기한 발전소의 기술자는 파력 발전소를 "바다가 숨을 쉬고, 우리가 그 숨을 붙잡아 들이는 것"이라고 설명합니다.

관 속으로 들어온 공기는 터빈과 부딪치면서 흘러갑니다. 터빈의 날개는 바다가 숨을 들이쉬거나 내쉬는 것에 상관없이 항상 한 방향으로만 돌도록 제작되어 있습니다. 세계 최초의 이 파력 발전기는 300가구에 전기를 보낼 수 있습니다. 많은 양은 아니지요. 그렇지만 기술자들은 "우리는 이제 시작입니다. 비행기도 하루 아침에 발명된 것이 아니잖아요."라고 말합니다. 이 연구자들은 항구의 방파제 같은 것을 이용하면 해안을 따라 어디에나 파력 발전소를 세울 수 있을 것이라고 생각합니다. 그리고 유럽의 해안으로 밀려오는 파도로부터 유럽에서 필요한 전기의 10분의 1 이상은 얻을 수 있다는 계산을 했습니다. 정말 그렇게 될까요?

영국과 독일의 기술자들은 댐을 건설하지 않고도 전기를 생산하는 조력 발전기를 만들었습니다. 커다란 댐은 개펄과 바다를 자유롭게 놓아두지 않거든요. 바다 생태계에 좋지 않지요. 댐이 필요 없는 조력 발전기는 만이 없어도 조수 간만의 차이가 큰 곳에는 어디나 설치할 수 있습니다. 조류가 세게 흐르는 곳에 설치해도 좋습니다. 이 발전기는 풍력 발전기를 거꾸로 세운 것과 비슷하게 생겼습니다. 기둥이 바다 바닥에 단단히 박혀 있고, 이 기둥에 날개가 붙어 있는 모양이기 때문이지요. 날개가 돌아가면 통 속의 발전기가 돌아가면서 전기를 만들어 내는 것도 풍력 발전기와 같습니다. 다른 점은 날개와 통이 바닷물 속에 항상 잠겨 있어야 한다는 것입니다. 조력 발전기 하나에서는 500가구가 쓸 수 있는 전기가 나옵니다. ─옮긴이

흙 한 줌 속의 소동

흙 한 줌 속에는 얼마나 많은 생명이 들어 있을까요? 열 마리? 쉰 마리? 100마리? 믿어지지 않겠지만, 흙 한 줌 속에는 지구 전체에 살고 있는 사람 수보다 더 많은 생명이 숨어 있습니다. 그러니까 수십억도 더 된다는 것이죠!

흙 속에서 가장 큰 생명체는 맨눈으로 볼 수 있고, 다른 것들은 간단한 확대경으로 발견할 수 있습니다. 지렁이, 투구벌레, 개미, 또 진드기나 튀어 다니는 벌레도 볼 수 있지요. 현미경으로 보면 흙 속에서 뭔가 계속 우글거리는 것을 볼 수 있습니다. 수많은 박테리아들이지요. 게다가 그 흙 속에는 아주 작은 방사상 균과 다른 작은 생명체들이 법석대고 있는데, 과학자들은 이것을 '미생물'이라고 부릅니다. 크고 작은 생명체들은 퇴비 더미 속에서 모두 힘을 합쳐서 쓰레기를 몇 주 만에 소중한 퇴비 흙으로 변화시킵니다.

뜨거운 쓰레기 더미

퇴비

상쾌한 아침에 퇴비 더미에서 김이 올라오는 것을 본 적이 있나요? 이 열은 어디에서 생기는 걸까요?

정원사들이 퇴비 더미를 만듭니다. 나무껍질, 짚, 나뭇잎, 잔가지, 풀, 분뇨, 거기에다 커피 찌꺼기, 눌러 부순 달걀 껍질, 잔디쓰레기같이 썩을 수 있는 것은 무엇이든 던져 넣네요. 그런데 이 쓰레기가 어째서 따뜻해질까요? 그리고 거기서 어떻게 퇴비 흙이 생겨날까요?

이 마술 같은 일을 하는 것은 '미생물'이라고 하는 아주 작은 생명체입니다. 현미경으로만 볼 수 있지요. 먼지 알갱이보다도 작지만, 식욕은 대단히 왕성합니다. 이 작은 동물들은 쉬지 않고 먹어 댑니다. 퇴비 더미의 식물 찌꺼기 속에는 태양 에너지가 저장되어 있습니다. 바로 이것이 작은 생명체가 노리는 것입니다. 작은 생명체들은 이 에너지를 흡수합니다. 이렇게 해서 퇴비는 아주 따뜻해집니다. 퇴비의 중심 부분은 섭씨 70도까지 뜨거워질 수 있대요!

이 열은 정원사들이 붙잡아 쓰지는 못합니다. 만일 쓸 수 있다면 며칠간 난방을 하거나 물을 데울 수 있을 것입니다. 퇴비 속의 뜨거운 열은 많은 병원균과 잡초 씨앗들을 완전히 죽입니다. 며칠 지나면 퇴비 더미가 식는데, 이때에는 풍뎅이 유충, 쥐며느리, 지렁이 같은 조금 큰 벌레들이 퇴비 더미 위를 돌아다닙니다. 이 벌레들은 8주에서 12주 뒤에 식물 찌꺼기들을 부엽토 같은 냄새가 나는 짙은색 퇴비흙으로 바꾸어 놓습니다. 아주 소중한 비료지요.

거름에서 얻은 전기

바이오 가스 시설

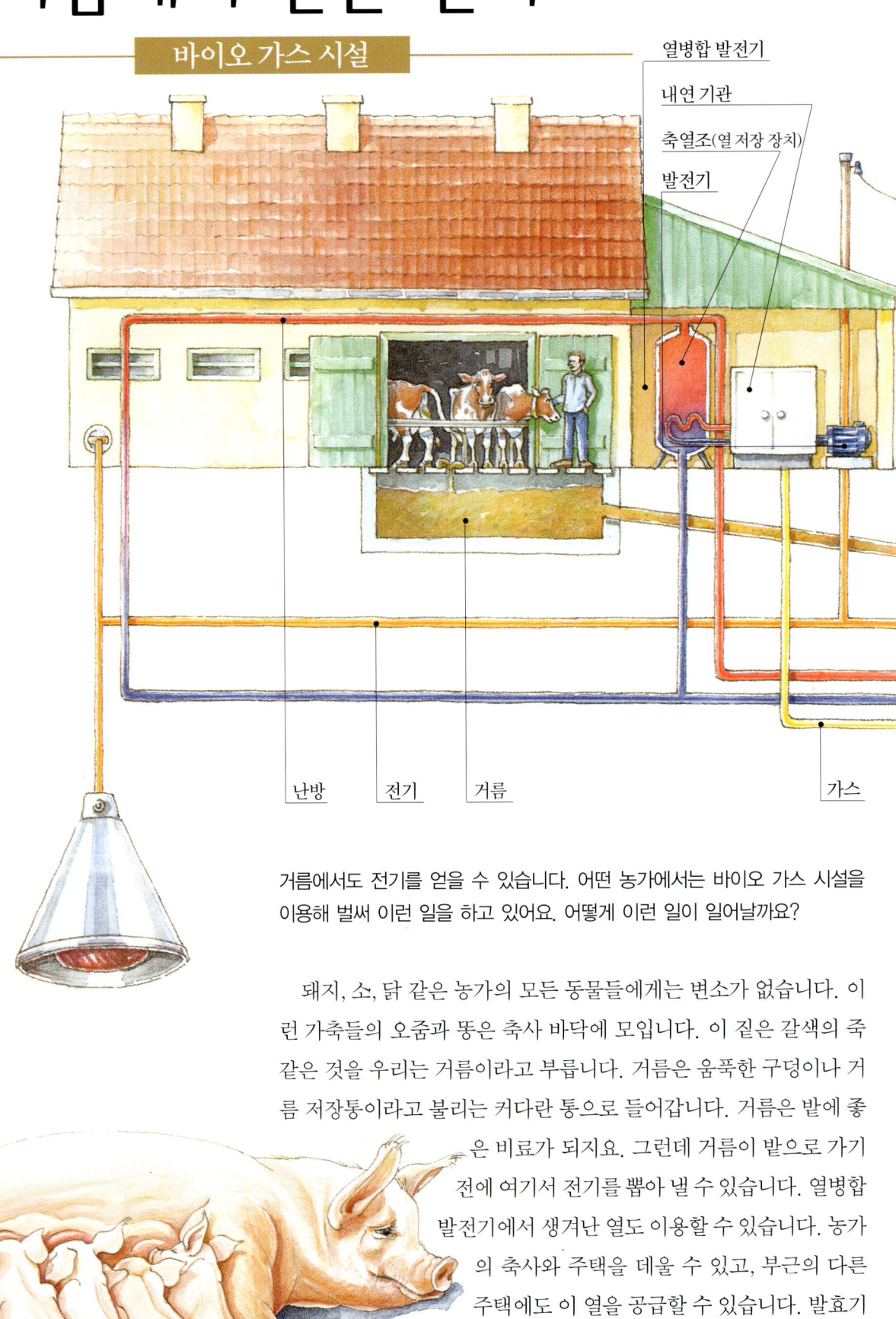

| 열병합 발전기
| 내연 기관
| 축열조(열 저장 장치)
| 발전기

난방　전기　거름　　　　　　　　　가스

거름에서도 전기를 얻을 수 있습니다. 어떤 농가에서는 바이오 가스 시설을 이용해 벌써 이런 일을 하고 있어요. 어떻게 이런 일이 일어날까요?

돼지, 소, 닭 같은 농가의 모든 동물들에게는 변소가 없습니다. 이런 가축들의 오줌과 똥은 축사 바닥에 모입니다. 이 짙은 갈색의 죽 같은 것을 우리는 거름이라고 부릅니다. 거름은 움푹한 구덩이나 거름 저장통이라고 불리는 커다란 통으로 들어갑니다. 거름은 밭에 좋은 비료가 되지요. 그런데 거름이 밭으로 가기 전에 여기서 전기를 뽑아 낼 수 있습니다. 열병합 발전기에서 생겨난 열도 이용할 수 있습니다. 농가의 축사와 주택을 데울 수 있고, 부근의 다른 주택에도 이 열을 공급할 수 있습니다. 발효기 속에도 열의 일부가 전해져 거름이 더 잘 발효되지요.

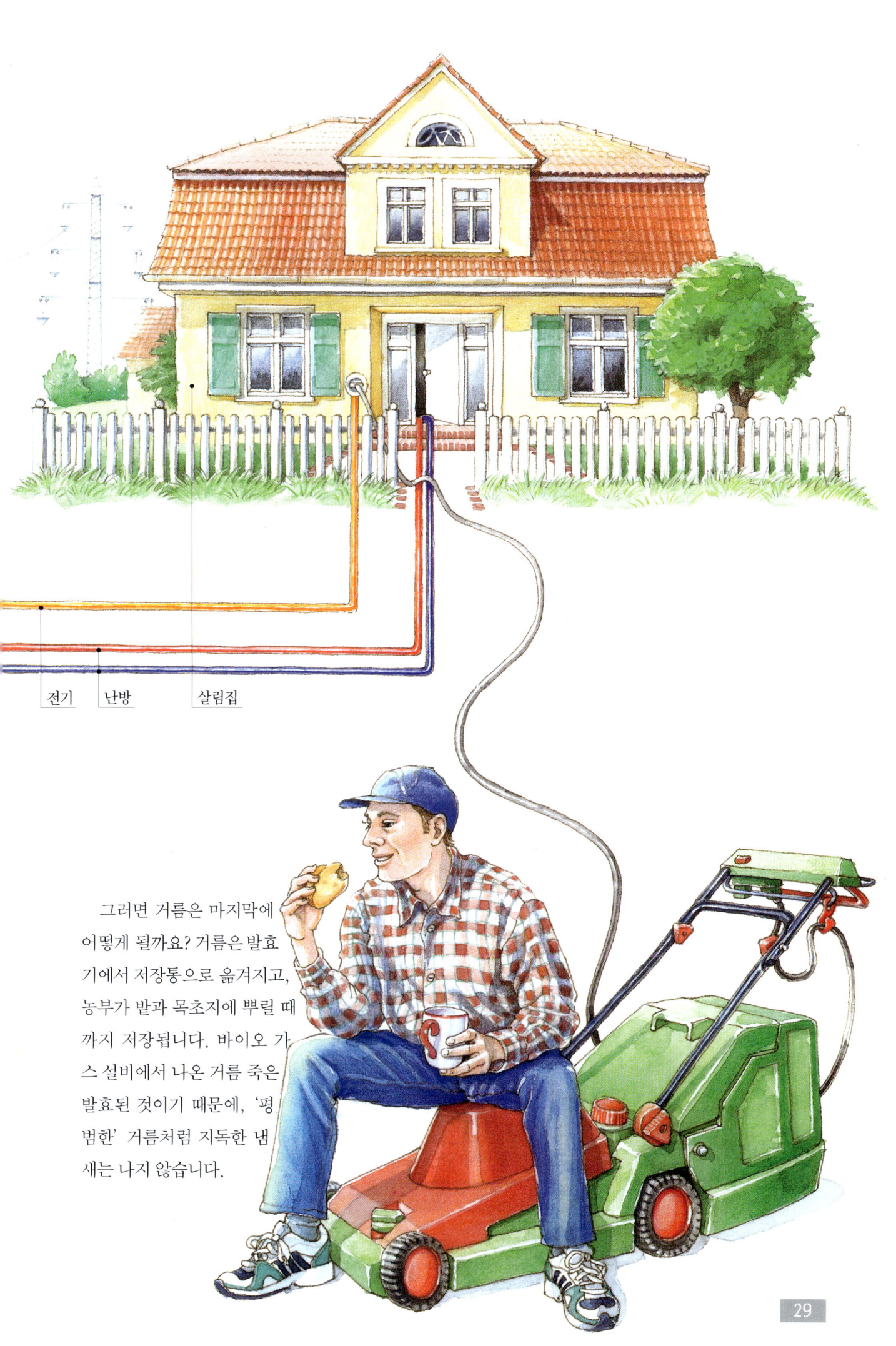

전기   난방   살림집

그러면 거름은 마지막에 어떻게 될까요? 거름은 발효기에서 저장통으로 옮겨지고, 농부가 밭과 목초지에 뿌릴 때까지 저장됩니다. 바이오 가스 설비에서 나온 거름 죽은 발효된 것이기 때문에, '평범한' 거름처럼 지독한 냄새는 나지 않습니다.

저장통

작은 생명체의 먹이

거름 속에는 박테리아나 곰팡이 같은 아주 작은 생명체가 우글거립니다. 현미경을 통해서만 볼 수 있지요. 그런데 이런 생명체들이 작은 기적을 이루어 냅니다. 거름 속에 영양분이 많으면 많을수록 더 빨리 더 확실하게 바이오가스를 생산하는 것이지요. 그렇기 때문에 이 생명체에게 따로 먹이도 줍니다. 옥수수, 풀 또는 똥을 거름 속에 넣어 섞고, 맥주 지게미나 곡식주 지게미를 넣어 주기도 합니다. 지게미란 맥주나 소주를 만들 때 생기는 유기질 찌꺼기입니다. 지방 찌꺼기, 우유 가공품 찌꺼기, 기름 방아에서 생긴 찌꺼기도 '먹이'로 넣어 줄 수 있습니다.

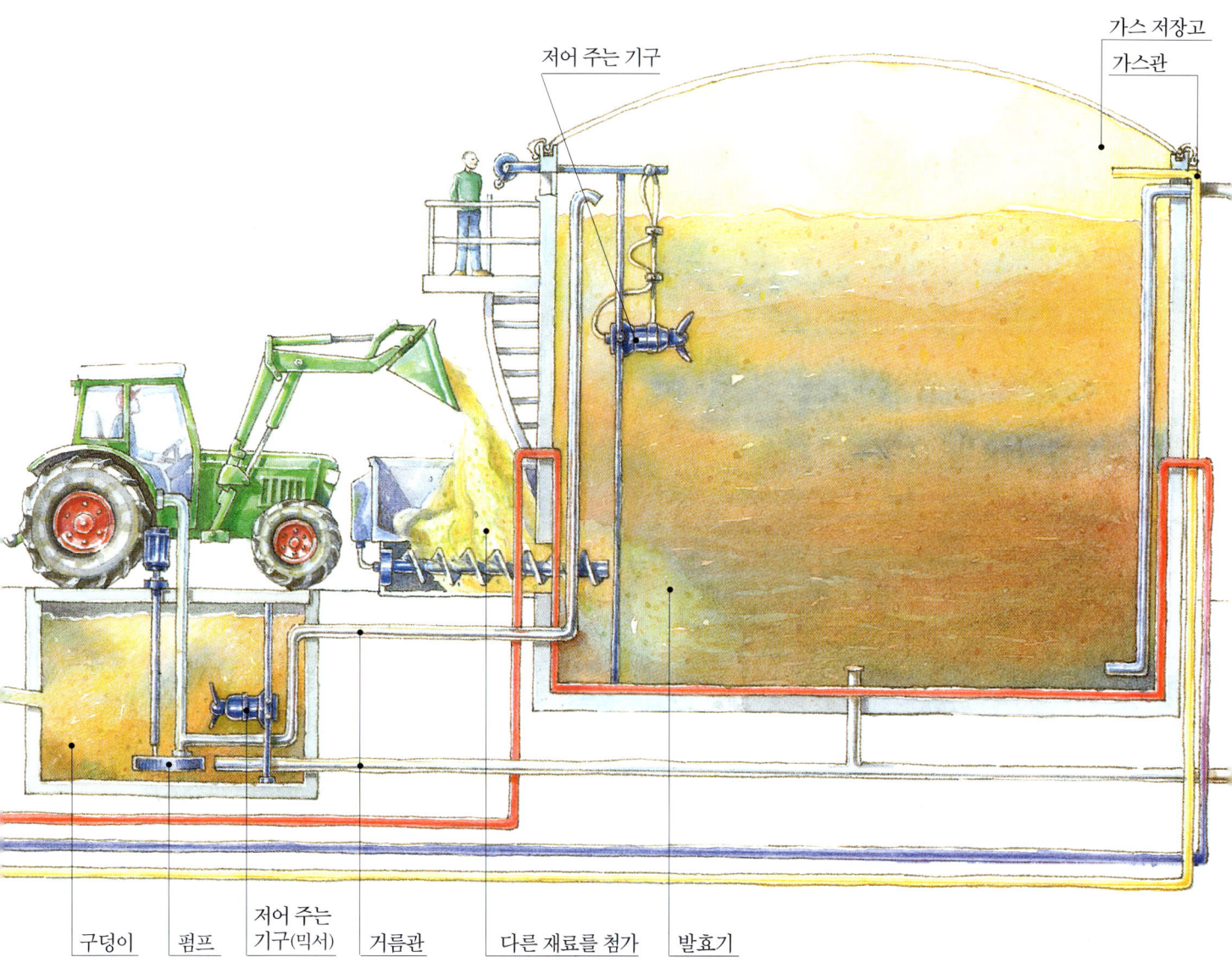

거름에서 전기를 어떻게 만들까?

농가의 축사에서 거름은 먼저 **구덩이** 속으로 흘러들어갑니다. 거기서 거름은 서로 섞이고 휘저어지면서 발효기 속에 '등장'할 채비를 갖춥니다. 거름은 구덩이에서 커다란 탱크로 뿜어 올려지는데, 이 탱크를 **발효기**라고 부릅니다. 발효기는 공기가 들어가지 않도록 완전히 밀폐되어 있습니다. 그 속에서 거름이 발효되기 시작합니다. 발효란 아주 작은 박테리아, 효모균, 곰팡이가 거름을 분해하는 것을 말합니다. 이때 공기 방울이 솟아올라오고, 거름 죽이 부글부글 끓어오르기 시작합니다. '바이오(생물) 가스'가 생겨나는 것이지요.

바이오 가스는 여러 가지 기체가 섞인 것입니다. 이산화탄소도 들어 있고, 질소와 수소도 약간 섞여 있습니다. 그렇지만 메탄이라고 하는 불타기 쉬운 가스가 대부분입니다. 이 기체 혼합물은 **가스 저장고**에 모였다가 **열병합 발전기**로 보내집니다. **열병합 발전기** 속에는 **내연 기관**에 **발전기**가 직접 연결되어 있습니다. 바이오 가스가 엔진을 움직이고, 이것이 다시 발전기를 돌려 주는 것입니다. 발전기에서는 전기가 생산되는데, 농가에서 쓰고도 남을 만한 양이 생산됩니다. 남는 전기는 다른 곳에서 쓸 수 있도록 전선망을 통해 보내집니다.

태양 축전지

나무 태우기

나무 조각은 축전지와 거의 같습니다. 속에는 전기가 아니라 태양 에너지가 저장되어 있지요. 이 에너지는 나무 조각이 불타면 밖으로 나옵니다. 그러면 거기서 정확하게 무슨 일이 일어나는 걸까요? 그리고 어떻게 나무 속으로 에너지가 들어갔을까요?

나무는 태양 에너지를 붙잡아 저장할 수 있습니다. 이 기적은 나뭇잎이 해냅니다. 이 일을 하기 위해서 나뭇잎은 특히 다음 세 가지가 필요합니다.

- 땅에서 나오는 물과 영양소
- 햇빛
- 공기 중의 기체 이산화탄소

나뭇잎은 화학적 과정을 통해서 이들을 모두 변화시킵니다. 이때 산소가 발생하는데, 이것은 나뭇잎이 공기 속으로 내보내는 기체로 우리 인간이 살아가는 데 필요한 것입니다. 이때 탄수화물도 함께 생겨납니다. 탄수화물은 나무가 자기 몸에 저장해 놓는, 에너지가 풍부한 화학 물질입니다. 불이 피어나기 위해서는 또다시 다음 세 가지가 필요합니다.

- 공기 속의 산소
- 불붙이기 위한 열기
- 연료, 우리의 경우는 나무

이들 중에서 하나가 빠지거나 이들 사이의 관계가 잘 맞지 않으면 불도 생기지 않습니다. 그래서 보통은 나무 한 조각이 오랫동안 타지 않고 공기와 산소에 둘러싸여 있지요. 여기에 열기가 더해지면 그때서야 나무에서 불이 타오릅니다. 열기는 마찰에 의해서 생기닐 수 있는데, 석기 시대 사람들도 불을 피우려 힐 때 일고 있던 방법입니다. 열기는 또 숲에 떨어지는 벼락이나 벽난로 속에서 불타는 종이 조각에서 얻어질 수도 있습니다.

나무가 불타면 무슨 일이 벌어질까요? 과학자들도 모든 것을 다 알고 있지는 못합니다. 확실한 것은 열기가 나무의 탄수화물을 분쇄하고, 이때 많은 빛과 열이 방출된다는 것입니다. 이 빛과 열은 태양에서 나와 나무 속에 붙잡힌 에너지입니다.

또 한 가지 확실한 것은 불에 탈 때 물이 약간 생긴다는 것입니다. 뜨거운 불 위에 형성된 열기 때문에 물은 곧바로 증발합니다. 이산화탄소도 나옵니다. 공기 속으로 달아난 이산화탄소는 나무나 다른 식물이 다시 붙들어서 그 도움으로 태양 에너지를 저장할 때까지 공기 중에 머무릅니다.

불: 뜨거운 발견

불은 인류의 가장 오래된 에너지원입니다. 이미 석기 시대부터 사람들은 몸을 따뜻하게 하고 음식물을 만드는 데 불을 사용했습니다. 불의 에너지를 철광석에서 금속을 뽑아 내는 데 이용할 줄도 알았고, 토기를 굽거나 유리를 녹이기 위해서도 사용했습니다. 불은 지금도 어디에서나 발견됩니다. 발전소에서는 불로 증기를 생산하고, 이 증기가 다시 터빈을 회전시키지요. 자동차 엔진에도 모두 불이 있는데, 휘발유와 경유가 불에 타면서 엔진을 돌립니다. 불은 또한 우리들 집에도 있습니다. 대부분 석유나 가스 난방 장치를 쓰지만, 어떤 집에는 장작을 때는 난방 시설이나 벽난로가 있습니다.

꽃이 활짝 핀 유채

석유왕들뿐 아니라 농부들도 기름 들판을 가지고 있습니다. 그런데 들판에는 석유 퍼올리는 탑이나 크레인, 펌프가 아니라, 노랗게 꽃이 피는 유채가 서 있습니다.

유채밭은 특히 초여름에 한없이 펼쳐집니다. 이때 환하게 빛나는 노란색 꽃을 활짝 피우지요. 그런데 기름은 어디에 있을까요? 유채에서 어떻게 기름을 얻는다는 걸까요? 그리고 그것으로 무엇을 할 수 있을까요?

유채꽃이 피고 나서 몇 주가 지나면 노란 꽃에서 꼬투리가 자라납니다. 이 꼬투리 속에는 흑갈색의 작은 씨앗이 많이 들어 있고, 씨앗 속에는 기름이 듬뿍 들어 있습니다. 유채 씨앗에서는 영양이 풍부하고 건강에 좋은 식용유가 나옵니다. 이 기름은 진노랑색이어서 꿀처럼 보입니다. 맛은 땅콩과 조금 비슷하고, 샐러드 만드는 데 넣기도 합니다. 그렇지만 열에 쉽게 파괴되지 않기 때문에, 음식을 튀기는 데에도 쓸 수 있습니다.

농부의 기름 들판
유채 기름과 바이오 디젤

유채 기름은 그 밖에 더 많은 일을 할 수 있습니다. 자동차나 트랙터의 엔진을 돌릴 수도 있지요. 그런데 이 일을 제대로 해 내려면 유채 기름이 먼저 조금 바뀌어야 합니다. 유채 기름에 메틸알코올을 넣어 섞으면 변화가 일어납니다. 그러면 유채 기름이 바이오 디젤로 바뀌는 것입니다. 그리고 부산물로 글리세린이라는 물질도 생깁니다. 이것은 크림이

다 익은 꼬투리 속의 유채 씨앗

나 연고 같은 것을 만드는 데 씁니다. 바이오 디젤을 넣으면 자동차나 트랙터가 부르릉거리며 달릴 수 있습니다.

빨지 않고 '두들긴다'

유채는 7월에 곡식과 마찬가지로 탈곡기를 이용해서 수확합니다. 이 기계로 마른 유채를 베고 꼬투리를 떨어내지요. 이때 소중한 기름 씨앗이 따로 분리되어서 뒤에 붙은 수레에 담깁니다. 농부는 이 수레를 기름 방앗간으로 몰고 가고, 거기서 씨앗들을 깨끗하게 씻습니다. 그 뒤에 유채 씨앗은 곡식과 달리 가루로 빻는 것이 아니라, '두들겨'집니다. 기름 방앗간에서는 유채에서 기름을 얻는 일을 이렇게 부릅니다. 전에는 정말 그렇게 했으니까요. 씨앗을 두들겨서 죽처럼 만든 다음 약간 가열합니다. 그리고 쐐기와 압착판으로 눌러서 기름을 짜냈습니다. 요즘은 기름 방아 속에서 유채 씨앗을 으깨어 기름이 흘러나올 때까지 눌러 짭니다. 이때 남는 것은 씨앗 껍질인데, 이것은 훌륭한 사료가 됩니다.

축열조
보조 난방 장치
펌프가 달린 열 조정 장치
태양 집열판

정원의 호스로 실험하기

여름이면 우리도 직접 해의 힘을 모을 수 있습니다. 정원에 있는 수도꼭지에 검은색이나 아주 짙은 색 호스를 연결합니다. 수도꼭지를 틀어서 찬 물이 호스에서 조금씩 흘러나오게 합니다. 그 다음 호스 끝의 분사구를 막고 잠시 기다립니다. 다시 분사구를 열면 호스에서 더운 물이 솟구쳐 나옵니다. 이때 물이 아주 뜨거울 수 있으니 조심해야 해요!

투명하거나 흰 호스 속에서는 물이 거의 데워지지 않습니다. 흰색은 햇빛을 반사해 버리기 때문이지요. 검은색은 반대로 햇빛을 '삼켜' 버립니다. 따라서 검은 호스가 뜨거워지고, 호스 속의 물도 데워집니다.

태양 집열판은 직사각형 상자처럼 생겼습니다. 태양 집열판은 빛을 되도록 많이 받게 하기 위해 경사진 지붕에 설치합니다. 바닥과 틀은 금속으로 되어 있고, 내부는 검은색으로 칠해져 있습니다. 이 검은 상자 속에는 가는 금속관이 구불구불 놓여 있습니다. 이 금속관도 검은색이거나 짙은 갈색입니다. 태양을 향한 위쪽은 투명한 유리판으로 덮여 있습니다. 태양 광선은 이 유리판을 통과해서 직접 검은 관에 내리쪼입니다. 그러면 관이 뜨거워집니다. 여름에 햇빛이 아주 강하게 오래도록 내리쬐면 관의 온도는 섭씨 100도까지 올라갑니다.

태양으로 난방을

태양 집열판

'집열판'이란 '열을 모으는 판'이라는 뜻입니다. 태양열 집열판은 태양의 열선을 모아서 물을 데웁니다. 집에서 쓰는 난방용, 샤워용, 목욕통의 물을 데우는 것이지요.

출수구 (뜨거운 물)
유리판
금속관
입수구(찬 물)

지붕 밑에 설치된 펌프는 물을 관 속으로 보내는 일을 합니다. 집열판의 입수구로는 찬 물이 들어갑니다. 이 물은 관 속을 흘러가고, 관을 지나는 동안 가열됩니다. 끓을 정도로 뜨거워진 물은 부글대며 출수구로 다시 나옵니다. 이렇게 가열된 물은 관을 통해서 집안으로 전달되고, 그 열이 온수나 난방 장치에 공급됩니다. 그런데 햇빛이 비치지 않을 때는 어떻게 하나요? 그러면 집안 사람 모두 찬물로 샤워하고, 얼음처럼 찬 방에서 떨어야 할까요? 물론 그렇지 않습니다. 그 시간에는 가스 같은 것을 때는 보조 난방 장치가 돌아가기 때문입니다.

태양으로 전등을 켜다

태양 전지

태양 전지는 햇빛을 전기로 바꾸어 줍니다. 파란색으로 반짝이는 판이 어떻게 이런 요술을 부릴 수 있는 걸까요?

골프장을 한번 상상해 봐요. 골프 선수가 공을 놓고 골프채를 휘둘러서 멀리 있는 구멍을 향해 공을 날립니다. 태양 전지에서도 비슷한 일이 일어납니다. 태양 전지는 두 개의 아주 얇은 판으로 되어 있습니다. 한쪽 판에는 '공'들이 놓여 있고, 다른 판에는 '구멍'들이 있습니다. 골프장에서 골프 선수가 채를 휘둘러서 하는 일을 태양 전지에서는 태양이 빛을 쬐어서 해냅니다. 태양은 태양 전지 한쪽 판의 공들을 다른 판의 구멍 속으로 때려 넣습니다. 공과 구멍들은 물론 진짜 골프공만큼 크지는 않고, 세계에서 가장 성능이 좋은 현미경으로도 알아볼 수 없을 만큼 작습니다. 공들은 실제로는 전자, 그러니까 원자 속에 있는 가장 작은 입자입니다.

태양 전지에는 또 하나 다른 것이 있습니다. 전자가 떨어져 날아가면 즉시 다음 것이 그 자리로 오고, 이것이 다시 떨어져 날아갑니다. 전자들이 계속해서 한쪽 판에서 다른 쪽 판으로 이동하는 것이지요. 따라서 전자들이 남겨 놓은 '구멍들'은 반대 방향으로 이동합니다. 그렇지만 이 모든 일은 햇빛이 전자들을 움직이게 한 다음에야 일어납니다. 빛이 없으면 모든 것이 정지 상태이지요. 이러한 전자들의 이동이 바로 전기의 흐름입니다. 양쪽 판에 선을 붙여서 전등을 연결하면, 전등이 빛나기 시작합니다.

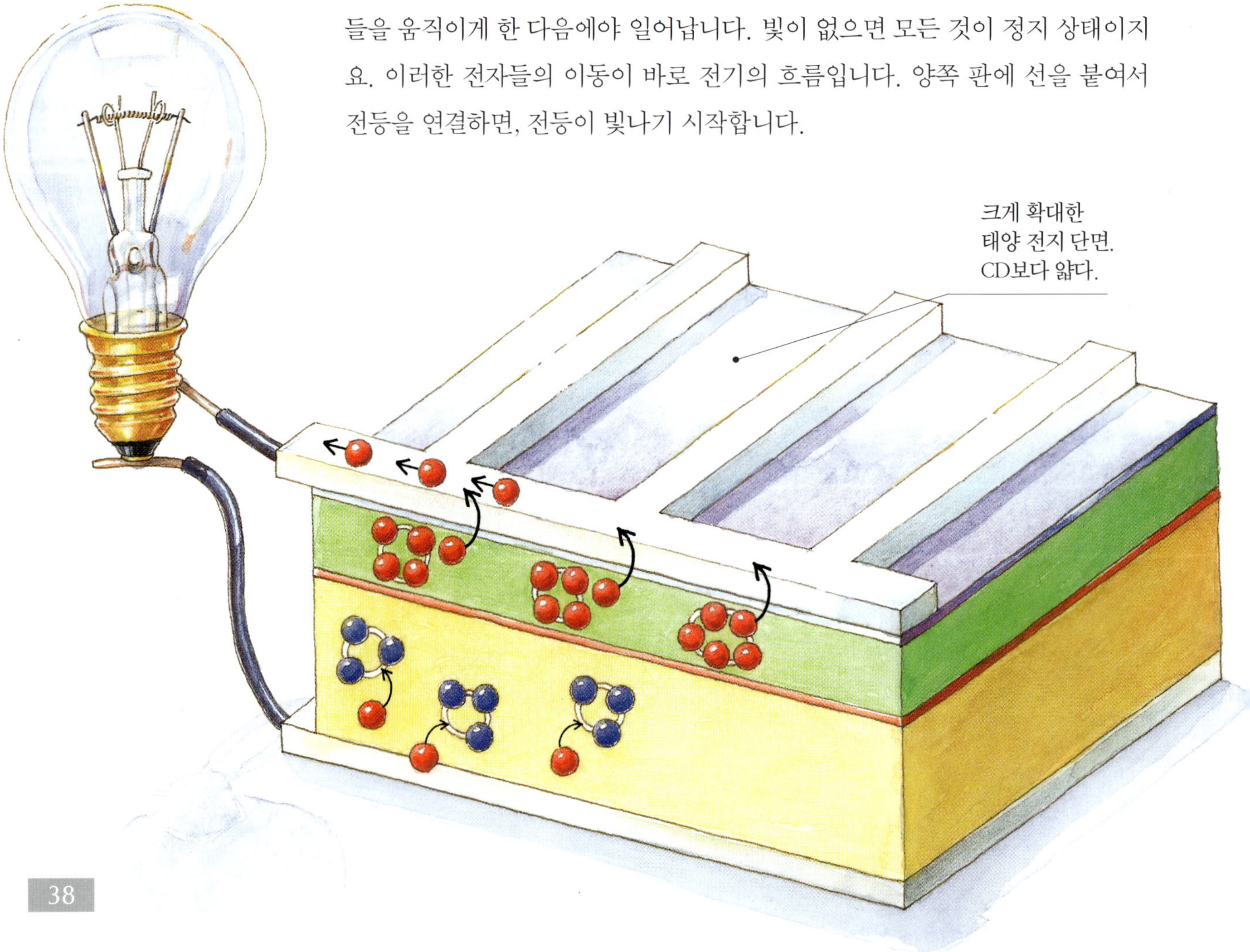

크게 확대한 태양 전지 단면. CD보다 얇다.

우주에서 쓰이던 것이 지구로

태양 전지는 우주 여행을 위해 개발되었습니다. 우주에 있는 측정 기구나 위성이 태양으로부터 전기를 얻도록 할 목적이었던 것이지요. 그러나 태양 전지는 오래전부터 지구에서도 볼 수 있게 되었습니다. 휴대용 계산기, 버스 정류장, 주차 미터기, 주택 그리고 '태양 자동차'라는 특별한 자동차에서 이미 사용하고 있기 때문입니다.

태양 전지는 규소를 가지고 만듭니다. 규소는 모래, 돌, 수정에 들어 있고, 식물, 동물, 그리고 사람의 몸 속에도 들어 있습니다. 아주 곱게 빻은 규소는 회갈색 가루처럼 보여요. 순수한 규소는 중요한 컴퓨터 부품인 컴퓨터 칩을 만드는 데 쓰입니다.

기스베르트 슈트로트레스
Gisbert Strotdrees
가족과 함께 뮌스터에 살고 있습니다.
농업 관련 주간지 편집자로, 어린이면을
주로 맡고 있습니다.

가비 카벨리우스
Gabi Cavelius
가족과 함께 뮌스터에 살고 있습니다.
그래픽 아티스트와 일러스트레이터
일을 하고 있습니다.

옮긴이 **이필렬**
베를린 공대에서 화학을 공부하고 같은 학교 대학원에서 박사 학위를 받았습니다.
지금은 한국방송통신대에서 교양 과학을 가르칩니다. 지은 책으로 『에너지
대안을 찾아서』 『석유시대 언제까지 갈 것인가』 『에너지 전환의 현장을 찾아서』
『과학: 우리 시대의 교양』 등이 있습니다. '에너지대안센터'에서 시민들과 함께
태양 에너지와 바람 에너지가 널리 이용될 수 있도록 열심히 활동하고 있습니다.